Mariana C.

PAȘUL URMĂTOR

Cum să te ridici deasupra eșecurilor și să atingi succesul

De la acelaş autor:

1. ,,Armonia in cuplu''
- explorează diverse aspecte ale relațiilor umane, de la comunicare și empatie, la rezolvarea conflictelor și construirea unei relații de cuplu sănătoase și echilibrate.

2. ,,Vindecarea rănilor emoționale în relații''
- este o carte profundă,care explorează complexitatea relațiilor interpersonale și impactul pe care trecutul emoțional îl poate avea asupra lor.

3. "Cum sa iti gasesti sufletul pereche"
- se adreseaza celor care își doresc sa gaseasca dragostea adevarata si sa-si gaseasca sufletul pereche.

4."Reconstruirea unei relații deteriorate"
- este un ghid util și practic pentru persoanele care se confruntă cu dificultăți în relațiile lor.

5. ,,Zâmbetul din oglindă" - este un ghid util pentru oricine dorește să-și îmbunătățească stima de sine și să-și atingă potențialul maxim.

6. "Rescrie-ți povestea" este o carte care abordează tema depășirii traumelor din copilărie și construirii unui viitor mai luminos.

7. "Umbrele trecutului" -este o carte care explorează teme precum iubirea, pierderea și curajul de a merge mai departe.

8 ,,Poveștile din copilărie" - este o carte care explorează principiile psihologiei pozitive și modul în care putem fi fericiți și mulțumiți fără să avem nevoie de motive externe pentru aceasta.

9."Povești nespuse" este o carte, care explorează diferite aspecte ale relațiilor umane și oferă o perspectivă subiectivă asupra problemelor și provocărilor cu care se confruntă oamenii în relațiile lor interpersonale.

10. "Povești nespuse" - este o carte ,care explorează diferite aspecte ale relațiilor umane și oferă o perspectivă subiectivă asupra problemelor și provocărilor cu care se confruntă oamenii în relațiile lor interpersonale.

11. "Când cuvintele nu sunt de ajuns" - cartea oferă cititorilor o mai bună înțelegere a limbajului nonverbal și îi învață cum să își interpreteze și să își utilizeze corect gesturile și expresiile faciale pentru a comunica eficient și clar.

12."Inima mea - un labirint" este o carte care te va provoca să reflectezi asupra propriei tale căutări interioare și îți va oferi o nouă înțelegere a complexității inimii umane. Este o lectură captivantă și emoționantă, care îți va rămâne în minte mult timp după ce ai închis cartea.

13"Dansul tăcerii" - este o carte fascinantă în care autoarea explorează puterea comunicării nonverbale prin intermediul gesturilor și mișcărilor corpului.

14."Înțelegându-ne fără cuvinte" - este un ghid practic și inspirațional care îți arată cum să depășești neînțelegerile în familie și să comunici mai eficient cu cei dragi.

15. "Ghidul practic pentru a te iubi și a fi iubit" - este o carte care îți oferă sfaturi și tehnici practice pentru a-ți îmbunătăți relațiile sentimentale și pentru a-ți cultiva iubirea de sine.

16. "Șoapte în vânt" - este o carte care ne provoacă să ne oprim și să reflectăm asupra modului în care comunicăm cu cei din jurul nostru, învățând că adesea a spune mai puțin poate fi mai puternic decât a spune prea mult.

*"Nu eşuezi atunci când cazi,
ci atunci când refuzi să te
ridici din nou."*
– Confucius

"Pasul următor" este o carte motivațională scrisă de Mariana C., care explorează modalități concrete prin care poți să te ridici deasupra eșecurilor și să atingi succesul în viață. Autoarea îți oferă instrumentele necesare pentru a depăși obstacolele și a-ți atinge scopurile.

Prin intermediul acestei cărți, vei descoperi strategii eficiente pentru a-ți gestiona emoțiile și a-ți găsi motivația interioară pentru a merge mai departe, chiar și în fața eșecurilor. Vei învăța cum să-ți construiești încrederea în tine și să-ți fixezi obiective realiste, care să te ajute să îți depășești limitele și să ajungi la potențialul maxim.

"Pasul următor" este o lectură inspirațională și practică, care îți va oferi instrumentele necesare pentru a-ți transforma visele în realitate și pentru a deveni cea mai bună versiune a ta. Indiferent de obstacolele pe care le întâmpini în viață, această carte te va ghida pas cu pas către succesul meritat.

Capitolul 1

Acceptarea eșecului ca parte naturală a procesului de învățare.

- Exercițiu: Scrieți o listă cu cele mai mari eșecuri pe care le-ați experimentat și identificați ce lecții ați învățat din aceste experiențe.

Capitolul 2

Definirea succesului personal și stabilirea obiectivelor.

- Exercițiu: Stabiliți o serie de obiective pe termen scurt, mediu și lung și elaborați un plan de acțiune pentru atingerea acestora.

Capitolul 3

Gestionarea fricii și a incertitudinii.

- Exercițiu: Identificați principalele temeri care vă împiedică să vă atingeți obiectivele și găsiți modalități constructive de a le depăși.

Capitolul 4

Construirea unei mentalități pozitive și puternice.

- Exercițiu: Începeți fiecare zi cu o listă a lucrurilor pentru care sunteți recunoscători și transformați orice gând negativ într-unul pozitiv.

Capitolul 5

Îmbunătățirea abilităților de rezolvare a problemelor și luare a deciziilor.

- Exercițiu: Găsiți o problemă complexă cu care vă confruntați și elaborați mai multe soluții posibile, analizând avantajele și dezavantajele fiecăreia.

"Nu te lăsa pradă disperării,
iar succesul va veni."
Ralph Waldo Emerson

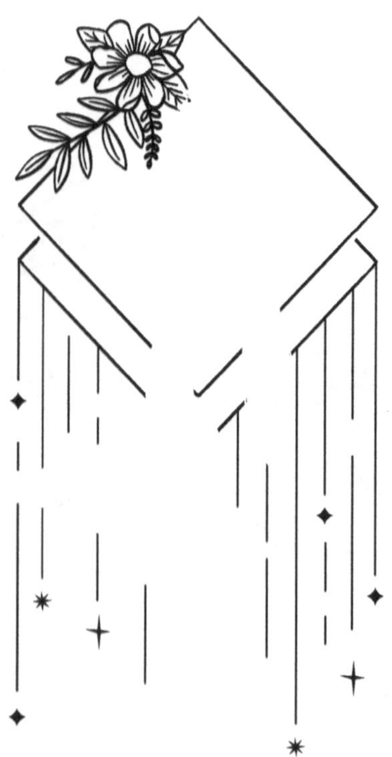

Capitolul 1

Acceptarea eșecului ca parte naturală a procesului de învățare.

- Exercițiu: Scrieți o listă cu cele mai mari eșecuri pe care le-ați experimentat și identificați ce lecții ați învățat din aceste experiențe.

***

Eșecul este o realitate inevitabilă a vieții. De multe ori, ne-am obișnuit să asociem eșecul cu pierderea sau cu lipsa de succes, dar, de fapt, eșecul poate fi o parte esențială a procesului de învățare și de creștere personală. Este important să înțelegem că eșecul nu trebuie să fie văzut ca ceva negativ sau dezamăgitor, ci ca o oportunitate de a crește, de a învăța și de a evolua.

Oamenii de succes nu sunt cei care nu au eșuat niciodată, ci cei care au avut curajul să încerce din nou și să învețe din greșeli. Eșecul poate fi văzut ca unul dintre cei mai buni dascăli, pentru că ne oferă ocazia de a învăța lecții valoroase și de a ne îmbunătăți abilitățile.

Unul dintre cei mai mari inovatori din istorie, Thomas Edison, a eșuat de peste 1.000 de ori înainte de a reuși să creeze lampa electrică. El a spus odată:

"Nu am eșuat de 1.000 de ori, am găsit 1.000 de modalități care nu funcționează."
Aceasta este o atitudine inspirațională pe care ar trebui să o adoptăm în viața noastră.
Eșecul poate fi o experiență dureroasă și dificilă, dar este important să ne amintim că eșecul nu definește cine suntem. Este doar o situație temporară care poate fi depășită prin determinare și perseverență.
De multe ori, eșecul poate fi o sursă de motivație și de inspirație pentru a ne depăși limitele și a continua să ne dezvoltăm în mod constant.
Învățarea din eșecuri nu este un proces ușor, dar este unul extrem de valoros. Este important să fim deschiși și să acceptăm eșecul ca parte naturală a procesului de creștere și de învățare. Prin acceptarea eșecului, putem învăța să ne auto-evaluăm, să identificăm punctele noastre slabe și să căutăm modalități de a le îmbunătăți.
Un prim pas în acceptarea eșecului este să renunțăm la frica de a eșua. Mulți oameni evită să încerce lucruri noi sau să-și asume riscuri din cauza fricii de a eșua. Aceasta este o mentalitate limitativă, care ne poate împiedica să ne atingem potențialul maxim.

Este important să ne depășim fricile și să ne asumăm riscuri, pentru că numai așa putem descoperi adevăratele noastre capacități și potențialul nostru.

O altă abordare utilă în acceptarea eșecului este să privim eșecul ca o oportunitate de a ne îmbunătăți și de a crește. Atunci când eșuăm, avem posibilitatea de a reflecta asupra greșelilor noastre, de a învăța din ele și de a găsi modalități de a ne îmbunătăți în viitor. Eșecul poate fi un impuls puternic de motivație și de creștere, care ne poate îndruma către succesul pe termen lung.

De asemenea, este important să ne schimbăm perspectiva asupra eșecului și să îl privim ca pe o oportunitate de a experimenta, de a încerca lucruri noi și de a ne dezvolta abilitățile. Eșecul poate fi considerat ca un pas necesar în procesul de succes, care ne ajută să ne testăm limitele și să ne depășim confortul pentru a ne atinge obiectivele.

Este esențial să ne amintim că eșecul nu este niciodată un capăt de drum, ci doar o oprire temporară în călătoria noastră către succes. Este important să fim flexibili și să adoptăm o atitudine pozitivă în fața eșecului, pentru că numai așa putem să ne revenim rapid și să continuăm să ne concentrăm pe obiectivele noastre.

Un alt aspect important în acceptarea eșecului este să îl privim ca pe un prilej de a ne dezvolta reziliența și de a ne întări capacitatea de a gestiona situațiile dificile. Prin învățarea să gestionăm eșecul și să ne recuperăm rapid, putem deveni mai puternici și mai pregătiți pentru provocările viitoare. De asemenea, este important să ne înconjurăm de oameni care ne susțin și ne încurajează în momentele de eșec. O rețea de suport solidă este esențială pentru a ne menține motivați și încrezători în timpurile dificile. Cu sprijinul celor dragi și cu încurajarea lor, putem depăși mai ușor obstacolele și să revenim mai puternici după eșec.

Este important să ne amintim că eșecul nu este niciun sfârșit, ci doar un început al unei noi etape în viața noastră. Prin acceptarea eșecului și învățarea constantă din greșeli, putem să ne dezvoltăm abilitățile și să ne apropiem de succesul pe care îl dorim. Acceptarea eșecului ca parte naturală a procesului de învățare și de creștere personală este esențială pentru a ne atinge potențialul maxim. Prin învățarea din eșecuri și prin îmbunătățirea permanentă a abilităților noastre, putem să ne depășim limitele și să ne apropiem de succesul pe care îl dorim. Eșecul nu este un capăt de drum, ci doar o oprire temporară în călătoria noastră către succes. Este important să privim eșecul ca pe o oportunitate de a crește, de a învăța și de a evolua. Putem să ne dezvoltăm în mod constant și să ne atingem obiectivele pe termen lung.

Exercițiu: *Scrieți o listă cu cele mai mari eșecuri pe care le-ați experimentat și identificați ce lecții ați învățat din aceste experiențe.*

Eșecurile fac parte din viața noastră și sunt inevitabile într-un fel sau altul. Fie că este vorba de eșecuri personale sau profesionale, acestea ne pot afecta emoțional și ne pot face să ne simțim neputincioși. Cu toate acestea, din fiecare eșec putem învăța câte ceva și ne putem dezvolta ca persoane.

În continuare, voi enumera câteva dintre cele mai mari eșecuri pe care le putem experimentat de-a lungul vieții și lecțiile pe care le-am învățat din aceste experiențe.

- **Pierderea locului de muncă.**

Ce am învățat:

Am învățat că este important să fiu pregătit pentru orice eventualitate și să îmi diversific abilitățile și cunoștințele pentru a fi mai adaptabil la schimbările de pe piața muncii. De asemenea, am învățat că este esențial să am o rețea solidă de contacte profesionale pentru a-mi sprijini căutarea de locuri de muncă și pentru a primi recomandări.

- **Eșecul unei afaceri pe care am încercat să o lansez.**

Ce am învățat:
 Am învățat că este crucial să fac o cercetare de piață înainte de a începe o afacere pentru a înțelege nevoile și preferințele clienților. De asemenea, am învățat că planificarea și gestionarea resurselor în mod eficient sunt cheia succesului în afaceri. Am învățat, de asemenea, că adaptabilitatea și capacitatea de a învăța din eșecuri sunt importante pentru a reuși în mediul de afaceri competitiv.

- **Eșecul unei relații de cuplu.**

Ce am învățat:
Am învățat că comunicarea este fundamentul unei relații sănătoase și că este important să îmi exprim nevoile și sentimentele în mod clar și deschis. De asemenea, am învățat că respectul reciproc, încrederea și compromisul sunt esențiale pentru menținerea unei relații de cuplu fericite și de lungă durată.

- **Eșecul în atingerea unui obiectiv personal.**

Ce am învățat: Am învățat că stabilirea obiectivelor realiste și bine definite, precum și stabilirea unui plan de acțiune clar și realist sunt cheia succesului în atingerea acestora.

De asemenea, am învățat că perseverența și determinarea sunt necesare pentru a depăși obstacolele și eșecurile pe drumul către atingerea obiectivelor personale.

În viață, eșecurile sunt inevitabile și pot fi o sursă de învățare și creștere personală. Deși este greu să trecem prin momente de eșec, este important să ne uităm la aceste experiențe ca la oportunități de a ne îmbunătăți și de a deveni mai puternici și mai înțelepți.

Am realizat că este important să nu mă descurajez de un eșec și să continui să îmi depun eforturile pentru a-mi atinge obiectivele. Acest eșec m-a învățat că perseverența și reziliența sunt calități importante în fața obstacolelor și că este esențial să rămân pozitiv și concentrat pe obiectivele mele, chiar și în fața eșecurilor. Eșecurile pot fi oportunități de creștere și învățare, dacă alegem să le privim astfel și să ne folosim de ele pentru a deveni mai buni și mai puternici.

Prin conștientizarea și înțelegerea lecțiilor pe care le putem obține din eșecuri, putem transforma aceste experiențe negative în catalizatori pentru succes și realizare personală.

"Acceptarea eșecului ca parte
naturală a procesului de învățare
este cheia către succesul adevărat,
pentru că doar atunci când ești
dispus să îți înveți lecțiile din greșeli
poți evolua și crește cu adevărat."
Buddha

Capitolul 2

Definirea succesului personal și stabilirea obiectivelor.

- Exercițiu: Stabiliți o serie de obiective pe termen scurt, mediu și lung și elaborați un plan de acțiune pentru atingerea acestora.

***

Succesul personal este un concept subiectiv care variază de la o persoană la alta. Pentru unii, succesul poate însemna obținerea unei poziții de conducere într-o companie de top, pentru alții poate fi legat de dezvoltarea personală sau echilibrul între viața personală și cea profesională. Indiferent de ceea ce înseamnă succesul pentru fiecare dintre noi, este important să îți definești propriile obiective și să îți stabilești un plan de acțiune pentru a le atinge.

Primul pas în definirea succesului personal este să îți clarifici valorile și prioritățile. Ce este cu adevărat important pentru tine în viață? Ce te motivează și te face fericit? Răspunsurile la aceste întrebări te vor ajuta să îți conturezi viziunea asupra succesului și să îți stabilești obiectivele în concordanță cu aceasta.

Odată ce îți clarifici valorile și prioritățile, este important să îți stabilești obiective SMART: specifice, măsurabile, realizabile, relevante și limitate în timp. Obiectivele specifice îți vor permite să îți focalizezi eforturile către un scop clar definit, în timp ce obiectivele măsurabile te vor ajuta să evaluezi progresul făcut și să te motivezi să continui să lucrezi către atingerea lor. Obiectivele realizabile trebuie să fie potrivite pentru resursele și abilitățile tale, în timp ce obiectivele relevante trebuie să fie în concordanță cu valorile și prioritățile pe care le-ai definit anterior. Nu în ultimul rând, obiectivele trebuie să fie limitate în timp, astfel încât să ai un termen limită pentru atingerea lor și să îți poți monitoriza progresul în mod eficient.

Odată ce îți stabilești obiectivele, este important să îți dezvolți un plan de acțiune pentru a le atinge. Acest plan de acțiune ar trebui să includă pași clari și realistici pe care trebuie să îi urmezi pentru a progresa către atingerea obiectivelor tale. Este important să îți stabilești priorități și să îți gestionezi eficient timpul pentru a fi cât mai productiv în ceea ce faci.

Pe parcursul îndeplinirii obiectivelor tale, este important să îți reamintești de motivele pentru care ai ales aceste obiective și să te motivezi să continui să lupți pentru ele. Este normal să întâmpini obstacole pe drumul către succes, însă este important să fii perseverent și să nu renunți la visele tale. Este important să îți acorzi timp să te oprești din goana după succes și să te bucuri de progresele făcute pe parcursul atingerii obiectivelor tale. Recompensează-te pentru eforturile depuse și sărbătorește fiecare mic succes în drumul tău către succesul personal. În final, succesul personal nu este doar despre atingerea obiectivelor, ci și despre creșterea personală și dezvoltarea ta ca individ. Este important să îți menții o atitudine pozitivă și să îți valorizezi propria valoare, indiferent de obstacolele întâmpinate pe parcursul călătoriei tale către succes.

Succesul personal este un concept complex și subiectiv, iar fiecare dintre noi îl percepem diferit. Să fii perseverent, să îți reamintești de motivele tale și să îți acorzi timp să te bucuri de progresele făcute. Succesul personal nu este doar despre atingerea obiectivelor, ci și despre creșterea ta ca individ și valorizarea propriei tale valori. Sărbătorește fiecare mic succes și amintește-ți mereu că succesul nu este un punct de destinație, ci o călătorie continuă către dezvoltare și împlinire personală.

Exercițiu

Stabiliți o serie de obiective pe termen scurt, mediu și lung și elaborați un plan de acțiune pentru atingerea acestora.

Obiectivele pe termen scurt, mediu și lung sunt importante pentru a ne ghida pe parcursul drumului către succes și împlinire personală. Aceste obiective ne ajută să ne concentrăm eforturile și resursele în mod eficient și să ne asigurăm că facem progrese constante către visurile noastre. În continuare, voi stabili câteva obiective pe termen scurt, mediu și lung și voi elabora un plan de acțiune pentru atingerea acestora.

Obiectivele pe termen scurt (1-6 luni):

- *Îmbunătățirea competențelor de comunicare și prezentare publică.*

În următoarele 2 luni, îmi propun să particip la un curs de comunicare sau să citesc cărți de specialitate în domeniu pentru a-mi dezvolta abilitățile de comunicare verbală și non-verbală. Plan de acțiune: În fiecare săptămână, voi aloca 2 ore pentru studiul materialelor de comunicare și voi practica exerciții de prezentare în fața unei persoane de încredere pentru feedback.

- *Pierderea a 5 kg în greutate.*

Pentru a-mi îmbunătăți sănătatea și starea de bine, îmi propun să pierd 5 kg în următoarele 3 luni. Plan de acțiune: Voi adopta o dietă echilibrată și sănătoasă, voi face exerciții fizice regulat și voi monitoriza progresul meu săptămânal prin înregistrarea greutății și măsurarea circumferinței taliei.

Obiectivele pe termen mediu (6 luni - 1 an):

- *Obținerea unei promovări la locul de muncă.*

În următoarele 6 luni, îmi propun să obțin o promovare la locul de muncă actual. Plan de acțiune: Voi stabili obiective clare pentru performanță și voi colabora cu superiorii pentru a identifica oportunități de dezvoltare și creștere în cadrul organizației.

- *Economisirea unei sume de bani pentru vacanța de vis.*

În următoarele 9 luni, îmi propun să economisesc o sumă de bani suficientă pentru a-mi permite o vacanță de vis. Plan de acțiune: Voi stabili un buget lunar strict pentru economii, voi identifica surse suplimentare de venituri și voi evita cheltuielile nepotrivite pentru a atinge obiectivul propus.

Obiectivele pe termen lung (1 an sau mai mult):

- *Obținerea unei diplome de masterat într-un domeniu de interes.*

 În următorii 2 ani, îmi propun să obțin o diplomă de masterat în domeniul relațiilor internaționale. Plan de acțiune: Voi aplica la programele de masterat relevante, voi studia pentru examenele de admitere și îmi voi aloca timp pentru redactarea tezei de master.

- *Înființarea unei afaceri proprii în domeniul consultanței.*

 În următorii 3 ani, îmi propun să înființez o afacere propriu în domeniul consultanței pentru a oferi servicii de calitate clienților interesați.

 – – Plan de acțiune. – –

Voi elabora un plan de afaceri detaliat, voi căuta resurse financiare și umane necesare pentru demararea afacerii și voi lucra la dezvoltarea serviciilor de consultanță pentru a satisface cerințele clienților.

Stabilirea obiectivelor și elaborarea unui plan de acțiune sunt primii pași către succesul și împlinirea personală. Respectarea planului stabilit, disciplina și determinarea sunt cheia atingerii obiectivelor propuse.

"Succesul nu este definit de ceea ce ai, ci de ceea ce devii."
Zig Ziglar

Capitolul 3

Gestionarea fricii și a incertitudinii.

- *Exercițiu: Identificați principalele temeri care vă împiedică să vă atingeți obiectivele și găsiți modalități constructive de a le depăși.*

***

Gestionarea fricii și a incertitudinii reprezintă un aspect crucial al vieții noastre, deoarece aceste emoții pot avea un impact semnificativ asupra stării noastre de bine și a calității vieții în general. Deși este normal să ne confruntăm cu astfel de emoții în diverse situații, este important să învățăm cum să le gestionăm eficient pentru a putea face față provocărilor cu încredere și înțelepciune. Există numeroase modalități prin care putem să ne gestionăm frica și incertitudinea, iar fiecare persoană poate descoperi ce metode sunt cele mai potrivite pentru ea.

Printre aceste modalități se numără:

- *Acceptarea emoțiilor negative.*

Primul pas în gestionarea fricii și a incertitudinii este acceptarea acestor emoții ca fiind normale și firești. Este important să nu ne judecăm sau să ne criticăm pentru ceea ce simțim, ci să ne acordăm permisiunea de a trăi aceste emoții într-un mod sănătos și constructiv.

- *Identificarea surselor de frică și incertitudine.*

Pentru a putea să gestionăm eficient aceste emoții, este util să identificăm care sunt sursele lor și care sunt situațiile sau gândurile care ne provoacă aceste sentimente. Uneori, frica și incertitudinea pot fi rezultatul neînțelegerii sau necunoașterii anumitor aspecte, iar identificarea acestor surse ne poate ajuta să le gestionăm mai eficient.

- *Comunicarea cu ceilalți.*

Este important să împărțim cu cei apropiați ceea ce simțim și să cerem sprijinul și înțelegerea lor. O discuție deschisă și sinceră poate aduce claritate și susținere în momentele în care ne simțim copleșiți de frică și incertitudine.

- *Exprimarea emoțiilor prin scris sau artă.*

O modalitate eficientă de a gestiona frica și incertitudinea este prin exprimarea acestor emoții prin scris sau artă. Jurnalul emoțiilor sau creația artistică pot fi modalități creative de a elibera tensiunea și de a găsi un echilibru emoțional.

- *Practicarea tehnicilor de relaxare și meditație.*

Tehnicile de relaxare și meditație pot fi de mare ajutor în gestionarea fricii și a incertitudinii, deoarece acestea ne ajută să ne focusăm atenția asupra prezentului și să ne eliberăm de gândurile negative și stresante.

- *Cultivarea unei mentalități pozitive.*

Încercarea de a găsi partea bună în situațiile dificile și de a vedea provocările ca pe o oportunitate de creștere și învățare poate schimba modul în care ne raportăm la frică și incertitudine. O mentalitate pozitivă ne poate ajuta să găsim soluții creative și să depășim obstacolele cu încredere și curaj.

- *Învațarea să trăim în prezent.*

Multe dintre emoțiile negative, precum frica și incertitudinea, au la bază temeri legate de viitor sau de trecut. Învățarea să trăim în prezent și să ne concentrăm asupra momentului actual ne poate ajuta să reducem anxietatea și să ne eliberăm de preocupările inutile.

- *Căutarea unui echilibru între siguranță și riscuri.*

Este important să ne amintim că frica și incertitudinea pot fi benefice în anumite situații, deoarece ne ajută să ne protejăm și să evităm riscurile inutile. Totuși, este important să nu lăsăm aceste emoții să ne împiedice să explorăm și să ne dezvoltăm.

Prin aplicarea acestor strategii și modalități de gestionare a fricii și incertitudinii, putem să ne construim o relație mai sănătoasă cu aceste emoții și să ne dezvoltăm rezistență emoțională și echilibru interior.

Este important să fim blânzi cu noi înșine și să ne acordăm timpul și spațiul necesar pentru a ne îmbrățișa vulnerabilitatea și a crește cu înțelepciune și iubire.

Identificarea principalelor temeri care vă împiedică să vă atingeți obiectivele și găsiți modalități constructive de a le depăși.

Fiecare dintre noi avem anumite temeri care ne pot împiedica să ne atingem obiectivele în viață. Aceste temeri pot fi diferite pentru fiecare persoană și pot proveni din experiențe trecute, din propria noastră auto-sabotare sau din trăiri interioare. Cu toate acestea, este important să identificăm aceste temeri și să găsim modalități constructive de a le depăși pentru a ne putea îndeplini obiectivele și a ne atinge potențialul maxim.

Una dintre cele mai comune temeri care ne pot împiedica să ne atingem obiectivele este **teama de eșec.** Mulți oameni se tem de eșec pentru că asocierea acestuia cu lipsa de valoare sau cu incapacitatea de a reuși. Pentru a depăși această teamă, este important să înțelegem că eșecul face parte din procesul de învățare și că el nu definește persoana în sine.

 O modalitate de a depăși această teamă ar fi să ne concentrăm pe procesul în sine și pe ceea ce putem învăța din eșecuri pentru a deveni mai buni și mai puternici.

  * O altă temere care împiedică mulți oameni să își atingă obiectivele este **teama de respingere sau de critică**. Ne putem teme de opinia celorlalți și de teamă de a fi judecați sau criticați pentru ceea ce facem. Această teamă poate conduce la evitarea situațiilor noi sau la a evita să ne exprimăm în mod autentic și să ne urmăm pasiunile. Pentru a depăși această teamă, este important să ne concentrăm pe ceea ce ne dorim cu adevărat și să avem încredere în noi înșine. Este important să înțelegem că nu putem controla părerile altora și că este mai important să ne concentrăm pe ceea ce credem că este corect pentru noi. De asemenea, este important să ne acceptăm imperfecțiunile și să fim deschiși la feedback-ul constructiv pentru a ne dezvolta în mod continuu.

  * O frică comună care ne împiedică să ne atingem obiectivele este **teama de necunoscut sau de incertitudine.** Mulți oameni se tem de ceea ce nu cunosc sau de ceea ce nu pot controla și, ca rezultat, preferă să stea în zona lor de confort și să evite riscurile. Cu toate acestea, este important să înțelegem că incertitudinea face parte din viață și că nu putem anticipa totul.

Este important să fim deschiși la nou și să fim dispuși să ne asumăm riscuri pentru a crește și a ne dezvolta. De asemenea, este important să avem încredere în propria noastră intuiție și să ne bazăm pe resursele pe care le avem pentru a face față incertitudinilor vieții.

 * O alta frică comună care ne împiedică să ne atingem obiectivele este **teama de succes.** Poate părea paradoxal, dar mulți oameni se tem de succes din cauza presiunii și a responsabilității suplimentare pe care o poate aduce succesul. De asemenea, succesul poate aduce uneori schimbări semnificative în viața noastră și ne putem teme de aceste schimbări. Pentru a depăși această teamă, este important să ne concentrăm pe beneficiile succesului și să ne imaginăm cum arată viața noastră atunci când ne atingem obiectivele. De asemenea, este important să ne amintim că suntem capabili să facem față succesului și că ne putem adapta la schimbările pe care le aduce.

 * O frică comună care ne împiedică să ne atingem obiectivele este **teama de a fi neînțeles.** Mulți oameni se tem de a nu fi înțeleși sau apreciați pentru ceea ce fac și, ca rezultat, preferă să rămână în anonimat și să evite să

își exprime adevărata lor identitate.
Pentru a depăși această teamă, este important să ne exprimăm autentic și să fim fideli celor ce suntem cu adevărat. Este important să ne conectăm cu oameni care ne acceptă și ne susțin așa cum suntem și să ne acceptăm pe noi înșine cu toate calitățile și imperfecțiunile noastre.

Fiecare dintre noi avem anumite temeri care ne pot împiedica să ne atingem obiectivele în viață. Este important să identificăm aceste temeri și să găsim modalități constructive de a le depăși pentru a ne putea îndeplini obiectivele și a ne atinge potențialul maxim. Prin recunoașterea și confruntarea cu temerile noastre, putem deveni mai puternici și mai încrezători în noi înșine și în capacitatea noastră de a reuși în viață.
 Este important să ne concentrăm pe ceea ce ne dorim cu adevărat și să avem încredere în noi înșine pentru a ne putea atinge obiectivele și a trăi o viață împlinită și autentică.

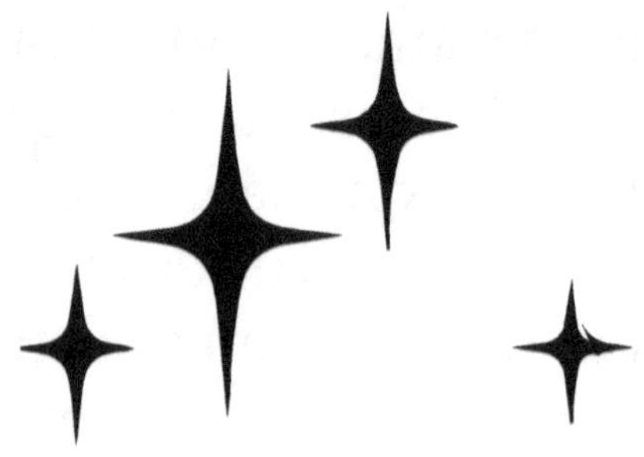

"Frica și incertitudinea sunt inevitabile în viața noastră, dar puterea noastră de a le gestiona determină adevărata noastră putere." - Epictet

Capitolul 4

Construirea unei mentalități pozitive și puternice.

- Exercițiu: Începeți fiecare zi cu o listă a lucrurilor pentru care sunteți recunoscători și transformați orice gând negativ într-unul pozitiv.

***

În lumea agitată în care trăim, este extrem de important să ne construim o mentalitate pozitivă și puternică pentru a face față tuturor provocărilor și obstacolelor care ne apar în cale. O mentalitate pozitivă nu înseamnă că ne ignorăm sau negăm emoțiile negative, ci înseamnă să avem capacitatea de a ne depăși fricile și îndoielile și de a vedea partea bună a lucrurilor chiar și în cele mai dificile situații.

Pentru a ne construi o mentalitate pozitivă, este important să ne conștientizăm propria putere interioară și să ne conectăm cu acea parte a noastră care este capabilă să depășească orice obstacol. O metodă eficientă de a face acest lucru este să ne concentrăm pe recunoștință și să ne concentram pe lucrurile bune din viața noastră. Chiar și atunci când ne confruntăm cu probleme sau greutăți, există întotdeauna motive pentru care să fim recunoscători: oameni dragi în jurul nostru, sănătate, abilități și resurse pe care le avem. Un exercițiu simplu pe care îl putem face în fiecare zi este să reflectăm la trei lucruri pentru care suntem recunoscători. Acestea pot fi lucruri mici sau mari, precum un zâmbet pe care l-am primit de la un străin sau realizarea unui obiectiv important. Practicând recunoștința în mod regulat, vom începe să ne schimbăm perspectiva și să ne concentrăm pe aspectele pozitive ale vieții noastre.

Mentalitatea pozitivă și puternică este un element cheie în atingerea succesului și fericirii în viață. Persoanele care au o mentalitate pozitivă sunt mai capabile să facă față provocărilor și obstacolelor cu încredere și determinare. Aceste persoane atrag energie pozitivă în jurul lor și reușesc să își atingă obiectivele cu mai multă ușurință.

Există numeroase metode prin care poți construi o mentalitate pozitivă și puternică. Printre aceste metode se numără practicarea recunoștinței, vizualizarea succesului, conștientizarea gândurilor negative și înlocuirea acestora cu gânduri pozitive, și cultivarea unui mediu social pozitiv și suportiv.

Recunoștința este un aspect important în dezvoltarea unei mentalități pozitive. Atunci când ne concentrăm asupra lucrurilor pentru care suntem recunoscători, ne putem concentra mai ușor asupra aspectelor pozitive din viața noastră și ne putem simți mai mulțumiți și mai fericiți. O tehnică eficientă pentru practicarea recunoștinței este ținerea unui jurnal în care să înregistrezi zilnic lucrurile pentru care ești recunoscător. Această practică te poate ajuta să fii mai conștient de binecuvântările din viața ta și să apreciezi lucrurile mărunte care îți aduc fericire.

Vizualizarea succesului este o altă metodă puternică în dezvoltarea unei mentalități pozitive. Atunci când îți imaginezi atingerea obiectivelor tale și ai încredere că vei reuși, crești nivelul de motivație și determinare. Vizualizarea succesului te poate ajuta să îți setezi obiective mai clare și să îți focalizezi energia și atenția către realizarea acestora. Poți crea afirmații pozitive pe care să le reciți zilnic pentru a-ți întări convingerea că vei reuși să îți atingi obiectivele.

Conștientizarea gândurilor negative este un pas important în construirea unei mentalități pozitive. Mulți oameni au tendința să se lase copleșiți de gânduri negative și autodepreciative, care le pot afecta stima de sine și încrederea în propria lor putere. Este important să îți dai seama de aceste gânduri negative și să le înlocuiești cu gânduri pozitive și măririi. Poți folosi tehnici de autosugestie sau meditație pentru a-ți controla gândurile și emoțiile și pentru a-ți crește încrederea în sine.

Cultivarea unui mediu social pozitiv și suportiv este esențială în dezvoltarea unei mentalități pozitive și puternice. Alegerea cu atenție a relațiilor și a mediului în care îți petreci timpul poate avea un impact semnificativ asupra stării tale de bine și a nivelului tău de încredere și motivație. Caută să îți petreci timpul cu oameni care te susțin și te încurajează în drumul tău către succes, și evită persoanele toxice sau negativiste care îți pot afecta starea de spirit și încrederea în tine.

Să construiești o mentalitate pozitivă și puternică necesită timp și efort, dar este un proces care poate aduce numeroase beneficii în viața ta. Cu determinare și perseverență, poți să îți schimbi modul de gândire și să descoperi puterea și resursele interioare de care dispui pentru a atinge succesul și fericirea în viață.

Povestea bătrânului

Odată, într-un sat îndepărtat, trăia un bătrân înțelept care era cunoscut în toată comunitatea pentru înțelepciunea și bunătatea sa. Oamenii veneau la el cu întrebări și probleme, cerându-i sfaturi și îndrumare. Bătrânul îi asculta cu răbdare și le oferea mereu cuvinte înțelepte și încurajatoare.

Un băiat din sat, care era cunoscut pentru pesimismul său și tendința de a se descuraja ușor, a venit la bătrân și i-a spus că nu mai crede în el însuși și în capacitățile sale. Bătrânul l-a privit blând și i-a spus că nu trebuie să își subestimeze puterea interioară și că trebuie să aibă încredere în sine.

Apoi, bătrânul i-a povestit băiatului despre un copac mic și fragil care creștea în mijlocul unei păduri de brazi imenși. Copacul mic era mereu umbrit de brazi și părea să se simtă neînsemnat și inferior. Dar într-o zi, a venit o furtună puternică care a doborât toți brazii, cu excepția copacului mic.

Acesta a rămas în picioare, nevătămat, pentru că rădăcinile sale erau adânc înfipte în pământ și își găsise puterea și stabilitatea în ele.

Băiatul a înțeles mesajul bătrânului și a realizat că trebuie să aibă încredere în forțele sale interioare și să nu se lase descurajat de obstacolele din calea sa. A început să își cultive o mentalitate pozitivă și puternică, și în curând a reușit să își atingă obiectivele și să își descopere adevărata putere interioară.

Această poveste ne învață că puterea și încrederea în sine se găsesc adânc în interiorul nostru, și că cu determinare și încredere în forțele noastre interioare, putem depăși orice obstacol și să ne atingem potențialul maxim.

Un alt exemplu de povestire care ilustrează importanța dezvoltării unei mentalități pozitive și puternice este povestea unei femei îndrăznețe și hotărâte, care și-a depășit temerile și a reușit să își transforme visurile în realitate.

Femeia trăia într-un oraș mic, unde toată lumea o cunoștea ca o persoană timidă și rezervată. Cu toate acestea, în inima ei ardea flacăra pasiunii și a ambiției, și visa să își deschidă propria afacere și să devină independentă.

Dar temerile și îndoielile o țineau blocată în loc, împiedicând-o să își urmeze visul.

Un prieten apropiat i-a spus că trebuie să își depășească fricile și să aibă încredere în capacitățile sale pentru a-și realiza visul. Femeia a început să lucreze la construirea unei mentalități pozitive și puternice, și să își cultive încrederea în sine. A participat la cursuri de dezvoltare personală și a căutat să învețe de la cei care au reușit să își atingă obiectivele.

Cu timpul, femeia și-a depășit temerile și a avut curajul să își deschidă propria afacere, pe care a condus-o cu pasiune și determinare. A reușit să își transforme visul în realitate și să își demonstreze tuturor că este capabilă să atingă succesul. Femeia a devenit un exemplu de perseverență și încredere în sine pentru toți cei din jurul ei, și a inspirat multe persoane să își urmeze visele și să își dezvolte o mentalitate pozitivă și puternică.

Această poveste ne arată că dezvoltarea unei mentalități pozitive și puternice necesită curaj, încredere și determinare, și că atunci când îți urmezi visul cu pasiune și încredere în forțele tale interioare, poți să îți depășești limitele și să îți atingi potențialul maxim.

Este important să îți propui obiective clare și să îți focusezi energia și atenția către atingerea acestora, având convingerea că reușita este posibilă cu hotărâre și încredere în forțele tale.

În fiecare zi este important să ne amintim de lucrurile pentru care suntem recunoscători. Să ne concentrăm asupra aspectelor pozitive din viața noastră ne poate aduce un sentiment de mulțumire și fericire.

Un exercițiu simplu și eficient este să scriem în fiecare zi o listă a lucrurilor pentru care suntem recunoscători. Așa că, dimineața devreme sau seara târziu, să ne așezăm într-un loc liniștit și să medităm la toate aspectele frumoase din viața noastră. Poate fi vorba despre lucruri mici sau mari, despre persoane dragi, despre realizările noastre sau despre momentele de fericire.

Exercițiu: *Începeți fiecare zi cu o listă a lucrurilor pentru care sunteți recunoscători și transformați orice gând negativ într-unul pozitiv.*

Transformarea gândurilor negative în gânduri pozitive este un alt pas important în cultivarea recunoștinței. Este normal să avem momente în care ne simțim copleșiți de probleme sau de stres, dar este important să ne amintim că există întotdeauna și aspecte pozitive în jurul nostru.

De exemplu, dacă avem o zi dificilă la muncă, putem să ne concentrăm asupra faptului că avem un loc de
muncă stabil și că avem colegi de nădejde.

Sau dacă avem dificultăți în relația noastră, putem să ne amintim de momentele frumoase pe care le-am petrecut împreună și să ne concentrăm asupra căilor de rezolvare a conflictelor.

Să îți exprimi recunoștința în fiecare zi este un exercițiu care îți poate schimba total perspectiva asupra vieții. Este ușor să ne concentrăm pe lucrurile negative sau pe obstacolele pe care le întâmpinăm, dar suntem adesea prea puțin atenți la lucrurile frumoase din jurul nostru și la lucrurile mărunte pentru care ar trebui să fim recunoscători. Fiecare zi este un dar și este important să ne amintim acest lucru și să fim recunoscători pentru tot ceea ce avem. Atunci când ne concentram pe lucrurile pentru care suntem recunoscători, atragem mai multe lucruri pozitive în viața noastră. Energia noastră se schimbă și începem să vedem mai multe motive pentru care să fim fericiți. De aceea, este important să transformăm orice gând negativ în unul pozitiv și să ne concentrăm asupra lucrurilor bune din viața noastră.

Poate părea dificil la început să faci acest exercițiu în fiecare zi, dar cu timpul va deveni o rutină și te vei simți mai fericit și mai recunoscător pentru tot ceea ce ai. În fiecare dimineață, când te trezești, scrie o listă a lucrurilor pentru care ești recunoscător. Fie că este vorba despre oameni dragi, despre sănătatea ta, despre natură sau despre orice alt lucru care îți aduce fericire, scrie-le pe toate și concentrează-te asupra lor. Transformarea gândurilor negative în gânduri pozitive este un alt pas important în acest exercițiu. Atunci când te surprinzi gândindu-te la o problemă sau la lucruri care nu merg așa cum vrei tu, oprește-te și încearcă să găsești aspectele pozitive ale acelei situații. Poate fi dificil la început, dar cu timpul vei vedea că există mereu un motiv pentru care să fii recunoscător.

Să fii recunoscător pentru ceea ce ai este cheia fericirii și a satisfacției în viață. De prea multe ori, ne concentrăm pe ceea ce ne lipsește sau pe ceea ce am dori să schimbăm în viața noastră, dar uitām să ne bucurăm de lucrurile minunate pe care le avem deja. Fiecare zi aduce cu sine motive pentru a fi recunoscători, iar acest exercițiu te poate ajuta să fii mai atent la ele și să îți umpli inima cu bucurie și fericire.

De exemplu, să îți exprimi recunoștința pentru sănătatea ta poate fi un motiv important pentru a fi recunoscător. Să ai un corp sănātos care îți permite să te bucuri de viață și să faci lucruri pe care le iubești este un lucru minunat pentru care să fii recunoscător. De asemenea, să fii recunoscător pentru oamenii dragi din viața ta sau pentru momentele de fericire pe care le trăiești în fiecare zi sunt alte motive importante pentru a-ți exprima recunoștința.

Fiecare aspect al vieții noastre poate fi motiv de recunoștință, fie că vorbim despre lucruri mărunte sau despre momente speciale. Chiar și lucrurile simple, precum razele soarelui dimineața sau o cană de ceai cald, pot fi motive pentru a fi recunoscători.

Este important să învățăm să ne bucurăm de lucrurile mici din viața noastră și să apreciem fiecare detaliu, deoarece acestea sunt cele care ne aduc fericirea adevărată.

Încearcă să îți exprimi recunoștința în fiecare zi și să aduci mai multă fericire și bucurie în viața ta. Transformă orice gând negativ în unul pozitiv și concentrează-te asupra lucrurilor frumoase din jurul tău. Fiecare zi este un dar și merită să îți exprimi recunoștința pentru tot ceea ce ai.

Fii recunoscător pentru viața ta și bucură-te de fiecare moment!

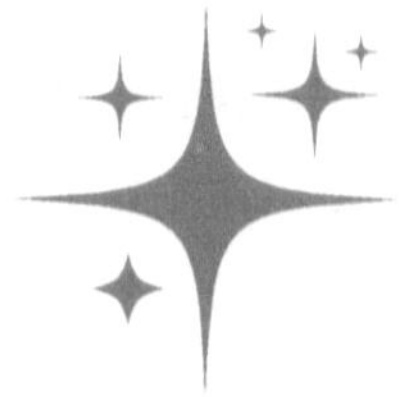

"O minte pozitivă și puternică poate transforma orice obstacol într-o oportunitate și poate face chiar imposibilul să devină posibil."

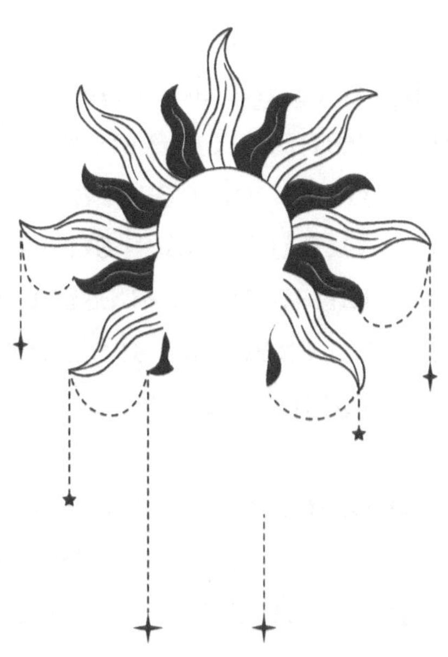

Capitolul 5
<u>Îmbunătățirea abilităților de rezolvare a problemelor și luare a deciziilor.</u>

- *Exercițiu: Găsiți o problemă complexă cu care vă confruntați și elaborați mai multe soluții posibile, analizând avantajele și dezavantajele fiecăreia.*

***

Îmbunătățirea Abilităților de Rezolvare a Problemelor și Luare a Deciziilor.

Abilitățile de rezolvare a problemelor și luare a deciziilor sunt esențiale în fiecare aspect al vieții noastre, de la sarcinile cotidiene până la provocările complexe întâmpinate în carieră. Aceste abilități nu sunt doar necesare pentru a face față problemelor; ele sunt și baza creativității și inovației. Acest articol explorează diferite tehnici și strategii care pot ajuta la îmbunătățirea acestor abilități esențiale, oferind exemple și sfaturi practice.

<u>Înțelegerea procesului de rezolvare a problemelor.</u>

Rezolvarea problemelor este un proces sistematic care implică mai mulți pași. Acest proces poate fi împărțit, în general, în șase etape:

1.1. Identificarea problemei.

Primul pas în rezolvarea problemei este identificarea clară a acesteia. Fără o înțelegere clară a problemei, nu putem găsi o soluție eficientă.

1.2. Colectarea informațiilor.

După identificarea problemei, următorul pas este colectarea de informații relevante.

1.3. Generarea de opțiuni.

Odată ce informațiile au fost colectate, este timpul să generăm opțiuni posibile pentru soluții. Brainstorming-ul este o tehnică eficientă aici, în care acumulam idei fără a le evalua imediat.

1.4. Evaluarea opțiunilor.

După generarea opțiunilor, fiecare soluție trebuie evaluată critic. Aceasta implică analiza avantajelor și dezavantajelor, costurilor și beneficiilor fiecărei opțiuni.

1.5. Implementarea soluției.

După ce s-a ales o soluție, aceasta trebuie implementată. Aceasta poate presupune coordonarea cu diverse departamente și asigurarea unei bune comunicări.

1.6. Monitorizarea și revizuirea.

Ultimul pas este monitorizarea rezultatelor și revizuirea soluției, dacă este necesar. Acest proces continuu de feedback ajută la îmbunătățirea abilităților de rezolvare a problemelor.

Strategii de îmbunătățire a abilităților de rezolvare a problemelor.

1. Gândirea critică.

Gândirea critică implică analizarea și evaluarea informațiilor într-un mod obiectiv. Aceasta te ajută să identifici părtiniri și să iei decizii mai informate.

2. Abordarea sistematică.

Adoptarea unei abordări sistematice în fața problemelor te poate ajuta să le dezvolți o structură clară. Împarte o problemă complexă în pași mai mici care pot fi gestionați ușor.

Exemplu de schema de rezolvare a problemelor:

1. Identifică problema: Ce anume te frământă?
2. Adună informații: Ce date ai despre problemă?

3. Generarea de opțiuni: Care sunt soluțiile posibile?

4. Analiza opțiunilor: Ce avantaje și dezavantaje are fiecare soluție?

5. Alege soluția: Care opțiune pare a fi cea mai eficientă?

6. Implementare: Pune în aplicare soluția aleasă.

7. Evaluare: A funcționat soluția? Ce se poate îmbunătăți?

Factorii care influențează deciziile.

1. Emoțiile.

Emoțiile pot influența puternic deciziile. În momente de stres, tendința este de a lua decizii impulsive. Este important să conștientizezi emoțiile și să încerci să le gestionezi în fața unui proces decizional.

2. Presiunea socială.

Alegi frecvent decizii pe baza influenței externe. Prietenii, familia sau colegii pot avea un impact asupra alegerilor tale. E necesar să îți asculți instinctul și să știi când să te desprinzi de influențele externe.

Decizii în condiții de incertitudine.
1. Acceptarea incertitudinii.
În viață, deciziile sunt adesea luate fără a avea acces la toate informațiile dorite. Acceptă că incertitudinea este parte integrantă a procesului decizional.
2. Utilizarea scenariilor.
Gândirea în termeni de scenarii te ajută să iei în considerare mai multe rezultate posibile. Aceasta îți oferă o viziune mai largă asupra situației și te pregătește pentru eventuale obstacole.
3. Evaluarea riscurilor
Fă o analiză a riscurilor înainte de a lua o decizie. Înțelegerea consecințelor posibile te poate ajuta să iei o hotărâre mai bine informată.

Instrumente și tehnici
1 Diagrama pricincipală.
Utilizează diagramele pentru a vizualiza problemele și soluțiile. Aceasta poate implica diagrame de flux sau diagrame mind-mapping.
2 Tehnica „Cine, Ce, Unde, Când, Cum?”
Folosirea acestei tehnici te ajută să structurezi informația și să analizezi detaliile unei probleme.

Construcția mentalității potrivite.
1 Mentalitatea de creștere.
Adoptarea unei mentalități de creștere
înseamnă a fi deschis la învățare și a privi
provocările ca pe oportunități. Aceasta
îmbunătățește reziliența și adaptabilitatea.
2 Feedback-ul constructiv.
Solicitarea și primirea feedback-ului sunt
esențiale pentru îmbunătățirea abilităților de
rezolvare a problemelor. Analizând părerile
altora, poți crește și îmbunătăți abilitățile
tale.
3 Reflexia.
Alocă timp pentru a reflecta asupra deciziilor
tale. Analizând ce a funcționat și ce nu, poți
ajusta procesul decizional pentru viitor.

Aplicarea abilităților în viața de zi cu zi
1 Rezolvarea problemelor zilnice.
Implică-te activ în a găsi soluții pentru
problemele cotidiene, fie că este vorba despre
organizarea timpului, gestionarea bugetului
sau relațiile interumane.
2 Stabilirea obiectivelor.
Aplicarea tehnicilor de rezolvare a
problemelor în stabilirea și urmărirea
obiectivelor personale este crucială pentru
succes.

Abilitățile de rezolvare a problemelor și luare a deciziilor sunt fundamentale pentru dezvoltarea personală și atingerea succesului. Prin conștientizare, practică și acceptarea provocărilor, fiecare individ își poate îmbunătăți aceste abilități. Transformarea abordării tale în fața problemelor nu va duce doar la rezultate pozitive, ci va aduce și o satisfacție personală și emoțională mai profundă.

Îmbunătățirea acestor abilități nu este un proces rapid; necesită timp, răbdare și angajament. Totuși, cu fiecare problemă pe care o rezolvi și cu fiecare decizie pe care o iei, devii mai încrezător și mai capabil să faci față provocărilor vieții.

Exercițiu: Găsiți o problemă complexă cu care vă confruntați și elaborați mai multe soluții posibile, analizând avantajele și dezavantajele fiecăreia.

***

Voi aborda o problemă complexă cu care multe persoane se confruntă în viața de zi cu zi: gestionarea timpului între muncă și viața personală. Această problemă devine din ce în ce mai relevantă în societatea modernă, unde tehnologia ne permite să fim conectați non-stop, iar așteptările profesionale cresc constant. Vom analiza câteva soluții posibile, împreună cu avantajele și dezavantajele fiecărei soluții.

Problema: *Gestionarea timpului între muncă și viața personală.*

Contextul problemei:

Într-o lume în care carierele devin tot mai solicitante, iar responsabilitățile personale continuă să crească, multe persoane simt că nu reușesc să găsească un echilibru sănătos între muncă și viața personală. Acest lucru poate duce la stres, epuizare și insatisfacție generală. Mesajele constante de la locul de muncă, orele suplimentare și lipsa timpului pentru familie sau hobby-uri pot crea o atmosferă de frustrare și neîmplinire.

Soluția 1: *Stabilirea unor limite clare între munca și viața personală*

Avantaje:

1. Claritate și disciplină: Stabilirea unor ore de lucru și respectarea acestora ajută la crearea unei rutine.
2. Reducerea stresului: Separarea timpului de muncă de timpul personal poate reduce senzația de stres și presiune.
3. Îmbunătățirea relațiilor: Timpul dedicat familiei și prietenilor contribuie la consolidarea relațiilor interumane.

Dezavantaje:

1. Rigiditate: Uneori, munca poate necesita flexibilitate, iar limitele stricte pot duce la întârzieri în termenele limită.
2. Percepția de neimplicare: Colegii sau superiorii pot percepe o separare clară ca pe o lipsă de angajament.
3. Dificultatea de a respecta limitele: Tentatia de a răspunde la e-mailuri sau de a lucra în afara orelor poate fi mare.

Soluția 2: *Practicarea mindfulness-ului și a tehnicilor de relaxare.*

Avantaje:

1. Îmbunătățirea concentrației: Mindfulness-ul poate ajuta la creșterea capacității de concentrare, reducând divagarea atenției.
2. Reducerea anxietății: Practicile de meditație și respirație pot reduce nivelul de anxietate și stres.
3. Conexiune cu sinele: Aceste tehnici ajută oamenii să devină mai conștienți de nevoile lor personale și să le acorde prioritate.

Dezavantaje:

1. Investiție de timp: Implementarea unei practici de mindfulness necesită timp și efort, ceea ce poate părea o povară suplimentară.
2. Eficiență variabilă: Nu toate persoanele răspund la fel de bine la tehnicile de mindfulness; unele pot considera că nu produc rezultatele dorite.
3. Cultura organizațională: În unele medii de lucru, mindfulness-ul poate fi perceput ca fiind o abordare neobișnuită sau inutilă.

Soluția 3: *Utilizarea tehnologiei pentru a sprijini echilibrul muncă-viață.*

Avantaje:

1. Instrumente de organizare: Există numeroase aplicații care ajută la gestionarea timpului, sarcinilor și calendarului personal.
2. Flexibilitate: Unele tehnologii permit lucrul de la distanță, reducând timpul petrecut pe drum.
3. Colaborare eficientă: Platformele de comunicare facilitează colaborarea între colegi, reducând necesitatea întâlnirilor fizice.

Dezavantaje:

1. Distrageri: Tehnologia poate aduce și distrageri, cum ar fi rețelele sociale.
2. Conectivitate constantă: Accesul constant la internet poate duce la sentimentul că munca nu se oprește niciodată.
3. Dependența de tehnologie: Există riscul ca oamenii să devină dependenți de aplicații și dispozitive.

Soluția 4: *Îmbunătățirea comunicării cu superiorii și colegii.*

Avantaje:

1. Clarificarea așteptărilor: Comunicarea deschisă poate ajuta la stabilirea unor așteptări clare privind sarcinile și termenele limită.
2. Sprijin în echipă: Lucrul în echipă poate reduce povara individuală, contribuind astfel la un echilibru mai bun.
3. Feedback constructiv: Comunicarea eficientă poate încuraja feedback-ul și îmbunătățirea continuă.

Dezavantaje:

1. Dificultăți de comunicare: Nu toți colegii sau superiorii pot fi receptivi la discuții deschise.
2. Risc de confuzie: Comunicarea neclară poate duce la neînțelegeri și conflicte.
3. Timp consumat: Discuțiile constante pot necesita timp, ceea ce ar putea afecta productivitatea.

Gestionarea timpului între muncă și viața personală este o provocare complexă care necesită o abordare multifacetică. Fiecare soluție propusă are atât avantaje, cât și dezavantaje, iar alegerea celei mai potrivite depinde de circumstanțele individuale ale fiecărei persoane. Este important ca fiecare individ să-și evalueze nevoile și să încerce diverse metode pentru a găsi un echilibru sănătos care să-i permită să se dezvolte atât în viața profesională, cât și în cea personală. Un aspect esențial este conștientizarea faptului că nu există o soluție universală; fiecare persoană va trebui să experimenteze și să ajusteze strategiile alese pentru a se potrivi cu stilul său de viață și cu programul său de lucru.

„Pasul următor: Cum să te ridici deasupra eșecurilor și să atingi succesul" este o carte scrisă de Mariana C. care oferă cititorilor o abordare practică și inspirațională pentru a depăși obstacolele și a atinge succesul personal și profesional.

1. **Eșecul ca oportunitate de învățare**: Cartea subliniază ideea că eșecurile nu sunt sfârșitul, ci, de fapt, sunt lecții valoroase. Autorul încurajează cititorii să privească eșecurile ca pe niște pași necesari în procesul de creștere și dezvoltare.

2. **Mentalitatea de creștere**: Mariana C. promovează o mentalitate de creștere, sugerând că atitudinea față de provocări și dificultăți este esențială. Aceasta implică o deschidere către învățare și adaptare.

3. **Strategii practice**: Cartea oferă o serie de strategii și tehnici pe care cititorii le pot aplica în viața lor de zi cu zi. Acestea variază de la stabilirea unor obiective clare și realiste la gestionarea timpului și a resurselor în mod eficient.

4. **Autodisciplina și motivația**: Importanța autodisciplinei și a menținerii motivației este un alt subiect central. Autorul sugerează metode de cultivare a disciplinei personale și de menținere a motivației, chiar și în fața obstacolelor.

Stilul și structura:

Cartea este scrisă într-un stil accesibil și motivant, cu exemple concrete și povești inspiraționale care ilustrează ideile prezentate. Structura este bine organizată, facilitând navigarea între teme și subiecte, ceea ce permite cititorilor să abordeze aspecte specifice în funcție de nevoile lor personale.

Impactul asupra cititorilor:

„Pasul următor" se dovedește a fi o sursă de inspirație pentru toți cei care se confruntă cu eșecuri sau provocări în viața lor. Încurajând o atitudine pozitivă și un plan de acțiune concret, Mariana C. reușește să motiveze cititorii să își continue drumul spre succes, indiferent de obstacole.

Cartea „Pasul următor" este o resursă valoroasă pentru oricine dorește să își dezvolte abilitățile de a depăși dificultățile și a-și atinge potențialul maxim. Este o lectură recomandată pentru persoanele care caută să își îmbunătățească viața personală și profesională.

www.ingramcontent.com/pod-product-compliance
Lightning Source LLC
Chambersburg PA
CBHW021803150726
47989CB00004B/1769